AF218636

La belleza es verdad y la verdad belleza.
Es todo lo que necesitas saber en la tierra.

John Keats

Senté
a la belleza
para injuriarla,
pero ebria y sorda se ha dormido
en mis rodillas.

Tomás Salvador González

© La belleza de lo literario, 2026

Dirección editorial:	Héctor Escobar
Director de la colección:	Gustavo Martín Garzo
Fotografía de cubierta:	José Ramón Vega
Diseño de la colección:	Miguel Riera
Maquetación:	Alberto R. Torices

ISBN: 979-13-87753-82-5

Dep. Legal: Le. 80-2026

Impreso en España — Printed in Spain

Adolfo García Ortega

La belleza de lo literario

De la belleza (35)

Adolfo García Ortega

La belleza de **lo literario**

EOLAS EDICIONES

A Ernesto Pérez Zúñiga,
Ángeles Encinar
y Luis Mateo Díez,
sabedores.

Los libros hermosos están escritos en una especie de lengua extranjera. En cada palabra cada uno de nosotros halla un sentido o al menos una imagen que con frecuencia es un contrasentido. Pero, en los libros hermosos, todos los contrasentidos que hallamos son hermosos.

Marcel Proust, *Contra Sainte-Beuve*

Prólogo brevísimo o aviso prudente: lector, lectora, esto que te ofrezco son notas personales sobre la literatura, que, tan enormemente bella e inasible como diabólica, se apoderó de mi vida desde la niñez, un tiempo ya lejano. Haz con ellas lo que quieras, pero déjame guiarte.

Repara primero en la ambigüedad del título, «la belleza de lo literario». Quizá a ti y a mí nos paralice. Hablar de la belleza implícita de la literatura es hablar de algo que tiene infinitas comprensiones, porque la literatura está por encima de cualquier estética, las integra todas y las expresa de modos muy diversos. Observa, lector, lectora, que la literatura es, de por sí, bella. Siempre y cuando su belleza sea literaria. Aquí es dónde el pez empieza a comerse la cola.

*

Me preguntarás cuándo fue la primera vez en que intuí qué era lo literario. He de hacer historia privada hacia atrás. Quizá fue cuando, en la primera adolescencia, pasé de leer a Julio Verne a leer el *Quijote* todos los viernes, una hora (actividad colegial). Y de pronto llegó Heinrich Böll (no te lo esperabas, ¿eh?), autor alemán de un libro que compró mi madre: *Opiniones de un payaso*. Y poco después leí a escondidas uno de Curzio Malaparte, *La piel*, que me noqueó. Y entonces, enseguida, *Crimen y castigo*. Otro k.o. Y luego fue resbalar por un tobogán que me llevó a Delibes, a Cela, a Matute, a Vicky Baun, a Clarín... El impacto fuerte sucedió, ya con dieciocho años, cuando leí el *Ulises* de Joyce (tampoco te lo esperabas, ¿verdad?), en la traducción de José María Valverde. Lo entendí todo de golpe. Supe en qué océano iba a nadar en adelante. Y lo imité. Decidí ser un libro. Un libro *como* el que fuera que hubiera leído. Creo que es la decisión más importante que he tomado en mi vida.

*

La belleza que se desprende de las obras literarias tiene mucho que ver con la lectura. Los lectores y las lectoras sois, somos, multiplicadores de interpretaciones. A veces esa lectura depende del estado de ánimo y del conocimiento que tengamos; pero también tiene que ver con la forma que adopta lo leído, en tanto que la forma es una suma heterogénea de factores tales como la originalidad, la narrativa, la evocación, la hondura, la secuencialidad, la peripecia, la intención, el género, los personajes, la trama, el estilo, la estructura y la expresión. Esa forma es patrimonio del escritor, esa forma me corresponde a mí.

*

Parece que, ante toda belleza, hay dos enfoques obvios, pero reales: uno lejano, la obra en sí (su intención, su escritura, su forma), y otro cercano, el yo que la lee, la asume o la rechaza, la interioriza, la recuerda, la asimila y la transforma en el yo mismo. La ubicación de ambos enfoques en la perspectiva de un solo plano es la clave de lo literario. Lo lejano sin lo cercano no existe; lo cercano sin profundidad de campo, tampoco.

*

Para mí, la belleza en la literatura se manifiesta de muy distintas maneras, incluidas las aborrecibles, de ahí la complejidad y la resistencia de lo literario. En todo caso, esa belleza siempre se establece en el territorio de la lectura. Nada sucede literariamente si no es para ser leído desde *cierto punto de vista* —el que sea—, porque toda obra es una *representación* y toda lectura es una *interpretación*. El haz y en envés de lo literario.

*

En ese acto doble, recíproco, de *representación / interpretación*, surge la analogía, una referencia de muy amplios contornos, extrema y extremada, a algo que me afecta a mí, como escritor, y a ti, como lector o lectora, de manera disímil, bifurcada, inesperada o tangencial: confirma o produce un sentimiento, un recuerdo, un dolor, una dicha, una emoción, una diversión, un impacto reflexivo, pero en espacios diferentes (el de escribir, el de leer). La literatura los subraya y los potencia, incluso los idealiza. Por eso, la frase que surge en nuestro interior, tanto en el tuyo como en el mío, causándonos una conmoción, por pequeña, profunda y secreta que sea, es esta: «Este libro *existe* para mí».

*

La literatura incluye y desborda lo fantástico, lo imaginado, lo imposible, lo extraño, lo soñado, lo vivido, lo que es real y lo que no es real. Lo que es poco y lo que es demasiado. La literatura conforma un círculo de placeres y asombros que se retroalimentan. El pez vuelve a morderse la cola.

*

Has de saber que en algún momento y de alguna manera, a la hora de escribir, percibo que hacerlo me exige ambicionar un mundo nuevo, inexplorado. Los escritores, una y otra vez, libro tras libro, ambicionamos crear una gran novela —¿bastaría con decir «un gran libro»?— en la que todo cupiera en ella. Un escritor (uno verdadero) es aquel que, sin saberlo o a sabiendas, quiere escribir *Moby Dick*. Lo consiga o no, eso ya es otra cosa.

*

Buscamos escribir un libro que transmita libertad y totalidad, con formas y apartados diferentes, textos de todo tipo (diálogos, poemas, aforismos, microhistorias, cuentos dentro de cuentos, personajes o ideas colectivas, preguntas y respuestas, miedos y certezas, etcétera). Buscamos un continuum, una argamasa, un texto, largo o corto, qué más da, que produzca una lectura sin fin, devorada de una vez, de corrido, sincopada tan sólo por una capitulación asimilada al hecho de respirar. La literatura que se precia de tal quita el aliento. O abre otro: un aliento mental.

Te voy a sorprender con una idea un tanto incomprensible: la literatura es un tejido infinito y ajeno al tiempo cronológico. En ella, todo está unido y todo convive en un presente continuo. Concibo la literatura que trato de hacer como un intento de escribir sobre el texto que otros escritores ya han escrito en la historia, pero ahora de un modo diferente, buscando la variante personal, una impronta ligera, y aplicando la interrelación transversal de todo lo pasado con todo lo presente. Mira: es lo que Proust quiso decir cuando escribió que hay fragmentos o frases de Flaubert en Montesquieu, un autor de cien años antes; o la demostración de Francisco Rico acerca de cómo César Vallejo influye en Quevedo; o la imagen que escuché a Claude Simon, cuando me dijo que todos los escritores formábamos los agujeritos de un tejido, estaremos cerca o lejos unos de otros, pero todos somos del mismo tamaño y conformamos ese mismo y único tejido.

*

En cierta ocasión, hace muchos años, pasé horas febriles en un hotel belga —el Metropole— alimentando historias que escribiría o no escribiría, eso dependería de que ellas me escogieran a mí para existir (ya ves, sigo con ideas incomprensibles), pues los escritores somos médiums entre las historias y los libros que las contienen. Sentí allí lo que es ser un escritor; aquella era la «vida de escritor» que buscaba. Es decir, no sentirlo mientras escribo, porque siempre he escrito cuando he podido, llevando otra vida alimenticia, sino sentirlo cuando no escribo, cuando *ya he escrito*; ese tiempo para mí es el verdadero tiempo de la vida como escritor. Sin más horario que el lento devenir de la vida dejando que el libro, ya acabado, me confirme su existencia y me susurre gatunamente que me ha elegido a mí como su autor.

*

¿Publicar? ¿Para qué? Eterna pregunta, tentadora. J. D. Salinger dejó de hacerlo. Rimbaud incluso dejó de escribir, «ya no se ocupaba de eso». En ocasiones me apetece dejar inéditos el resto de los libros que escriba; me apetece hacerlos póstumos. Como decidió hacer Salinger. Vivir al margen de la neurosis que supone publicar, ser leído o ignorado, ser valorado o despreciado, como seguro que pensó Rimbaud. Es un mundo competitivo de doble tiranía: la del lector ignorante y la del crítico resentido. ¿Y no seré yo el escritor prepotente? Quizá. No me importa. Lo que sé es que publicar es un acto de valentía entre tanta estupidez reinante. ¿Soberbia? Como dijo el difunto y refinado director del Teatro Real de Madrid, Gerard Mortier: «Sí, soberbio sin duda que sí. La modestia no sirve para nada». La modestia es de cobardes, añado yo.

*

Releo la *Obra de los pasajes*, de Walter Benjamin. Descomunal. Lo que nos revela de Baudelaire es extraordinario, completo, absoluto: no se puede decir nada más sobre él. Son unos textos que me influyeron mucho hace treinta años. Tanto como la insólita novela de Elías Canetti *Auto de fe*. Ambas obras me llegaron a obsesionar por su modo de *infundir lo literario*. ¿Me enamoré de esa literatura? Sin duda que sí. Descubrí allí unas iluminaciones brillantísimas que me causaron asombro. Y el asombro es una de las energías más poderosas para entregarse en cuerpo y alma al amor.

*

Sobre lo que la poesía hace con las palabras, dice Umberto Eco, poniéndose exquisito: «Para Leibniz existe una analogía entre el orden del mundo, o de la verdad, y el orden gramatical de los símbolos en el lenguaje. Son muchos los que han identificado esta postura con la *'picture theory of language'* del primer Wittgenstein, para quien la proposición debe asumir una forma similar a los hechos que refleja (*Tractatus*, 2.2 y 4.121)». Leibniz / Wittgenstein: una muy interesante mezcla, pues en ambos la sintaxis tiene un rango de importancia vinculado directamente con la semántica y la significación final, el contenido. Está en sintonía con la de Baudelaire.

*

Te confieso que a veces tengo la sensación de que no he hecho casi nada. A veces los libros me hartan, pero no me atrevo aún a dejarlos para siempre. En ese momento releo los *Journaux* de Raymond Queneau. Todo escritor se reconocerá en ellos (si sabe francés, claro, porque no están traducidos aún). La lectura de esos diarios le ayudará a confirmar su vocación y a resolver las dudas. Porque, ante todo, no se toma a sí mismo en serio más que lo justo.

*

Los escritores somos incapaces de escribir sobre lo que nos pasa «realmente» a nivel personal. Ni siquiera abordando unas memorias, un diario o algo similar. Como mucho, lo mixtificamos en la literatura, lo elaboramos, lo circunscribimos a algo subsidiario: la vida de otro, la del personaje. He aquí de nuevo la fuerza de lo literario: la enajenación ficcional. La ficción es la liberación o la venganza de la propia vida, salpicada por aquí y por allá en novelas y poemas. No es en absoluto lo mismo que la reverenciada auto-ficción. Esta es más bien un camino engañoso hacia ninguna parte, un modo de onanismo exhibicionista un tanto vergonzante.

*

En una carta de Salinger a Joyce Maynard puedes leer este párrafo: «Está claro que para el aspirante a escritor la *fama* se compone mayoritariamente de una serie de formas de notoriedad, casi todas las cuales, mientras duran, se inmiscuyen en la vida de uno, y hacen cosas peores». El éxito entendido como un exceso de notoriedad pública, de publicitación en redes sociales o clubes de lectura, conduce, las más de las veces, a la autocomplacencia. Si ese éxito se da al principio de la carrera de un escritor, el devenir de su obra se empobrecerá.

*

Si te fijas bien, toda obra literaria contiene, implícita, una enciclopedia intelectual y sensorial, una mezcolanza de objetos y pasiones, dentro de una estructura que se despliega poco a poco, como cuando se entra en un laberinto a oscuras y al cabo de un tiempo llegas a ver en la oscuridad. Entonces te percatas de algo que sólo puedes asociar a la inmensidad.

*

Plural y diverso, a nivel formal. Así defino cualquier obra literaria, aunque esté escrita en géneros distintos, según la dimensión de lo que se busque al escribir. Dentro de la poesía hay también muy distintos tipos de poemas y de estructuras. Pero siempre me he dado cuenta de que la abstracción que permite un poema es mucho más radical y sustancial que la que permite una novela o un cuento. De todos modos, las obras, narrativas o poéticas, han de aspirar a la osadía de contener una literatura completa en su interior. Que se logre o no, ya importa menos. Pero de salida, hay que aspirar a ser un escritor que se sorprenda a sí mismo y que huya de la repetición. Avanzar es dejar atrás para encontrar algo nuevo.

*

Te confieso que cada vez que he escrito un poema he pensado que iba a ser leído. Y he pensado que esa lectura sería, inevitablemente, muy distinta de la mía. Por eso me he esforzado en crear en ti, lector, lectora, interrogantes, reflexiones, sorpresas, asombros o sentimientos que fructifiquen en tu cabeza, a tu manera. Habrá poemas que no te digan nada, versos que ni siquiera te gusten, etcétera, pero me contento con que, de todos ellos, extraigas cualquier cosa que te permita experimentar algo inaudito o emocionante, sea triste o alegre, pero vivo.

*

En los poemas de cualquier poeta verás ideas que tienen muchas procedencias: la vida personal, la vida de los otros, la cultura, el arte, la música, el dolor, la alegría, la rabia, el amor erótico, el sentimental, etc. Y también ideas que proceden de grandes escritores. Por eso hay que leer mucho, para buscar placeres e ideas. Creo que todo escritor debería hacerlo, pero allá cada uno. Lo que me cuesta aceptar, a estas alturas de mi vida, es que haya lectores que no sean «leídos», por así decir. Si no saben quién es Baudelaire, Kafka o Cortázar, se pierden el poder de la belleza literaria. Equivale a entrar en un restaurante exquisito, de manjares fabulosos y cocina sofisticada, y no pasar del guardarropa.

*

La poesía, leída como una travesía vital por el tiempo, es un canto que refleja lo que el noventa por ciento de los seres humanos busca: amar, ser amado y recrearse en el recuerdo de esa experiencia. Es la vivencia más inagotable que he conocido al leer o escribir poesía, incluso cuando a veces se convierte en desamor.

*

Las novelas que concibo o escribo son, como decía Robert Louis Stevenson, «intentos de hacer desfilar un drama fantástico ante personas sencillas y sensibles».

Cuando veo el resultado final del libro que he escrito, constato que, al margen de las circunstancias del proceso de escritura y del proceloso camino de inseguridades y certezas que me ha llevado a él, he seguido un plan preciso que estaba en el origen, cuando concebí la idea de escribirlo. Pero entonces surge una duda: ¿para quién está escrito? En los momentos bajos se convierte en otra duda más prosaica y vulgar: ¿se venderá? No hay respuesta satisfactoria.

*

Sobre escribir con un plan previo, hay diversidad de opiniones. El bravo Javier Marías decía que él escribía con brújula. Bueno, quizá por eso sus libros tienen a veces algo de errático. Otros, entre los que me cuento, trazamos un mapa. Poe hacía lo mismo, según confesó en su esclarecedor texto «Filosofía de la composición»: «Resulta clarísimo que todo plan o argumento merecedor de ese nombre debe ser desarrollado hasta su desenlace antes de comenzar a escribir con detalle. Solo con el *dénouement*, el desenlace, a la vista podremos dar al argumento su indispensable atmósfera de consecuencias, de causalidad, haciendo que los incidentes y, sobre todo, el tono general, tiendan a vigorizar la intención». La literatura huye del caos. O si prefieres, el caos en la literatura es un mal de juventud. Además, el caos absoluto no es literatura: es un estado previo, fértil sin duda, necesario, pero a la espera de que un mínimo orden determine la forma. La literatura, no lo olvides, precisa de la forma para ser tal.

*

No es aconsejable pensar que lo literario es más auténtico cuanto más salvaje, ingenuo, natural o espontáneo sea; no es más auténtico o verdadero si se muestra tan sólo como eso, auténtico, verdadero, directo. Para llegar a lo verdadero en lo literario hay que transitar por un medio artificial, por el uso de ciertas herramientas técnicas y por vías indirectas. En esto consiste escribir, en hallar la forma.

*

Leí en una entrevista al cineasta Robert Bresson algo que comparto con él, a saber, que uno no escoge los temas de sus obras, sino que los temas lo escogen a uno. Siempre lo he pensado así.

*

Te contaré un sueño de juventud: tener todos los tomos de la colección de La Pléiade, de la editorial francesa Gallimard, un mito personal de pedante francófilo, y dedicar el resto de mi vida a leerlos, a zambullirme en ellos como en un océano. No leer nada más que las obras que estén allí, pero leyéndolas en su idioma original cuando se trate de aquellas que no sean francesas. Me parecía la guía perfecta del Edén literario. Por fortuna, con los años, y sin La Pléiade de por medio, he terminado por leerlos en otras ediciones.

*

Sobre el escritor en general y su borrosa identidad, encontré una sabrosa cita del filólogo gongorista José Pellicer de Ossau, quien, en el siglo XVII, escribió con admirable modernidad: «Los que escriben tienen, por teatro, un mar que ondea siempre sin constancia; por jueces, un cuerpo monstruoso de tantas cabezas como pareceres; y, por premio, una voz confusa, sin certidumbre». Lógicamente, lo aplaudo.

*

¿Qué pienso de los críticos literarios? Mi opinión piadosa es que tienen que esforzarse más. Te denigren o te alaben, siempre se quedan lejos de la realidad. En todo caso, son lectores puntillosos, incontestados, y sólo cabe ser agradecido con ellos por haberlo intentado.

*

Te propongo, lector, lectora, este juego retórico: Si todo lo que forma parte de la vida es verdadero, toda verdad está viva. Por tanto, estarás de acuerdo conmigo en que cuando la literatura se acerca a la verdad de algo o de alguien es porque la literatura es una de las puertas abiertas a la vida. Esto me vale tanto para Ulises o Aquiles como para los personajes de las novelas de Delibes.

*

Elaborar un gusto propio en cualquier campo (cine, literatura, arte…) lleva toda una vida y no es ni transferible ni comunicable. Ese patrimonio de conquista estética es el placer propio por antonomasia.

*

Acabar un libro es como llegar a la otra orilla después de haber cruzado un río de fuertes corrientes, profundas pozas y traicioneros remolinos. No sabes cómo has llegado hasta allí, te cuesta recordar cómo salvaste los obstáculos, eludiste las rocas, si te valiste de ramas o de troncos, si lograste nadar o tragaste mucha agua, si estuviste a punto de ahogarte. No recuerdas nada de eso; por fin has llegado y te es muy difícil volver mentalmente sobre tus pasos y extraer conclusiones de cómo lograste escribir. Sólo puedes decirle al lector, a la lectora: «Aquí estoy, sobreviví, léeme». El resto ya lo has olvidado.

*

El trabajo literario tiene mucho de ejercicio de supresión, de toma de decisiones, de elección de caminos, de apertura o cierre de puertas, de eliminaciones, para que lo innecesario no desvíe de lo esencial, que es narrar con la precisión y la profusión que el texto exija. Eso es lo que ha de cincelar el escritor sin hacerse trampas.

*

Abordar una novela ambiciosa, difícil, que abarque muchas cosas e incluya historias interesantes. Que todo en ella sea armónico, emocionante o inquietante. Escribir una novela que absorba mucho y por mucho tiempo. Una historia inapelable e imbatible. ¿No es esta la aspiración habitual de todo escritor, renovada como se renuevan los votos de una vida compartida?

*

Verás, no siempre escribir es satisfactorio. En realidad, lo es pocas veces. ¿Qué te creías, que es un oficio como la carpintería, por ejemplo? Escribir es un arte, y como todo arte exige la vida del artista. No siempre se desea darle la vida. Yo desde luego que no. Ahora mismo tendría que hacer un gran esfuerzo para justificarme por qué he de escribir más libros y para qué he de publicarlos. No sé si me apetece hacerlo. Es cansado, nada remunerativo y, las más de las veces, un acto incomprendido. Sin embargo —y este sin embargo, lector, lectora, es clave—, ¡sigo imaginándolos ya escritos en mi cabeza! Es una obsesión o una condena. Entonces, para paliar la pereza o el desapego, surge el espíritu deportivo: escribir como si participase en una competición en la que medirme a mí mismo.

*

La inagotable lectura de Montesquieu te enseña-
rá muchas cosas. Una de ellas es que hay, según él,
dos clases de personas, las que piensan y las que
se divierten. ¡Y ya lo creo que es así! Llevada esta
aguda intuición al terreno de lo literario, podría-
mos determinar que hay dos clases de obras, las
que son *de creación* (y suponen un modo de avanzar hacia alguna parte en el campo de la novela,
de la poesía o del ensayo) y las que son *de repetición* (ese tipo de obras que, lejos de avanzar, per-
manecen en un punto cero, inmóvil, dan siempre
lo mismo porque es eso lo que un lector poco exigente necesita y se justifican como obras de entre-
tenimiento). Umberto Eco y Milan Kundera, en
sus iluminadores ensayos sobra la novela, han escrito ampliamente sobre las obras que avanzan y
las que se paralizan. Búscalo.

*

Hay una frase de Montesquieu que siempre me
acompaña y me espolea: «Tengo una enfermedad
doble: la de hacer libros y la de avergonzarme por

haberlos hecho». Bueno, ambos somos un poco falsos modestos.

*

Te guste o no, lector, lectora, los escritores nunca te dejaremos que camines a tus anchas por nuestros libros, a la hora de interpretarlos. Nunca recorrerás a tu antojo y capricho el camino interior de las novelas. Tienes que recorrer el camino que nosotros te imponemos, y con el equipamiento, los mapas y los víveres que nosotros te proporcionamos. O entras y aceptas nuestra propuesta, o sal corriendo del libro, no vayas a perderte en el laberinto de la incomprensión. No hay otra opción posible. En la literatura, quien decide es el escritor; el lector tiene que saberlo. Esta idea ya la dijo Virginia Woolf: «Para leer bien un libro hay que leerlo como si uno lo estuviera escribiendo». Ha de pisar por las mismas huellas de quien lo ha escrito.

*

Sin duda, hay un tipo de escritores «profesionales» de un tipo de novela «comercial» (no todas las novelas tienen que ser literarias ni artísticas, faltaría más: el libro es una industria cultural), con tramas y argumentos «comerciales» o demandados por el mercado de lecturas masivas. Pero también, cabría decir que, en tanto que tiene dedicación absoluta, es profesional aquel escritor literario que no alcanza la suficiente remuneración como para vivir de sus obras (ese rasgo *artesanal* de la práctica literaria), y sin embargo es un hombre que vive por y para la literatura como *oficio*. Una cita de Gerardo Diego al respecto ilumina esta idea: «Hay que entender la profesión de poeta en el sentido no de vivir de, sino de vivir para la poesía».

*

Vicki Baum, la escritora judía alemana que triunfó en los años treinta del siglo pasado por su novela *Gran Hotel*, alcanzó la fama, era manifiestamente antinazi y se exilió muy pronto en los Estados Unidos. Mi madre tenía esa novela en casa y fue para mí una lectura ligera y superficial. La Baum vendía mucho, pero era consciente de su nivel literario no muy elevado, más bien plano, y se describía a sí misma como «una autora de primera clase y de segunda calidad». Esta honestidad se echa mucho en falta, hoy en día.

*

¿Puede una novela atenerse a hechos reales? Buena pregunta, lector, lectora. Mi respuesta es sí, porque yo he transitado por ese camino. Y lo he hecho precisamente manifestando al final que el resultado es una novela, una historia de ficción, de imaginación, sobre la base de hechos en los que tenía cabida la imaginación… bien administrada. Cynthia Ozick escribió que, una novela, incluso una novela autobiográfica, no es una autobiografía. Cuando los personajes o los hechos son reales, con nombres reales, le lector tiene, según Ozick, «la obligación que le impone el propio embrujo de la literatura de distanciarse». Aparece de nuevo la esencia de lo literario: el simulacro, la fuerza de la representación, el *mito*, que es lo perdurable. Y añade Ozick: «Es como el Tao: dices lo que es y precisamente no lo es».

*

Lo literario, por tanto, es un modo de presentar como verdadero aquello que surge de la imaginación. Sólo puede determinar si un libro es una novela, es decir, una obra de ficción, quien la haya escrito y como tal ha de ser leída.

*

De Rafael Sánchez Ferlosio: «Tanto si funda su argumento en sucedidos como si se los inventa, la representación narrativa tendrá siempre idéntico carácter de ficción. Ateniéndose, pues, a la índole propia de la cosa, lo verídico o no verídico, lo real o lo inventado de la trama es absolutamente indiferente, y alegar lo verídico de los hechos imaginariamente reconstruidos para defender la legitimidad de una ficción es, en rigor, del todo improcedente». ¡Qué prosa tan de funcionario de juzgado tiene! Pero acierta para justificar las novelas que parten del «basado en hechos reales», las cuales, construidas como novelas, son, en puridad, novelas, ya que la forma de lo novelesco es infinita y plural.

*

Imre Kertész, el premio Nobel húngaro, autor de *Sin destino*, libro clave sobre la vida en los campos nazis, escribe: «Hacer arte de Auschwitz supone el reto más serio para cualquier artista». Es verdad: esto fue lo que me supuso escribir *El comprador de aniversarios*, allá por el año 2000. Salí airoso porque, Hurbinek, el niño protagonista citado por Primo Levi en *La tregua*, me llevó de la mano, pero no me puso una venda en los ojos. Hay que dejar que los personajes crezcan en ti y que te digan cómo son. Y entonces la verdad y la ficción se fusionan en una nueva realidad, la de *lo que se lee*.

*

¿Quién es el «lector normal» a la hora de apreciar un libro u otro? Lo más frecuente, lo natural en el espectáculo literario, es el «público anormal».

*

La fuerza representativa de la literatura, la que fija el mito, se basa en la tipificación de los personajes. Estos llevan a cabo buena parte del trabajo literario y generan una dialéctica con la que tú, lector, lectora, te identificas. La proyección de lo literario se realiza mediante personas imaginarias a las que se ha transferido una identidad, ya sea histórica, colectiva, emocional o antagónica. Los personajes son tipologías, voces, contextos, seres o figuras que viven gracias a la forma que el escritor ha tramado para ellos. Son el vehículo que nos transporta a otro mundo.

*

Al leer, nos sentimos identificados con cierta historia y lo confirmamos en nuestro modo de ser, en nuestra identidad, en nuestros valores. Pero al escribir, no sucede así. Proust nos ha enseñado que «un libro es el producto de un yo distinto del que manifestamos en nuestras costumbres, en la sociedad, en nuestros vicios».

*

Acerca de por qué escribo siempre un libro distinto al resto de los anteriores que he escrito o por qué busco hacer algo nuevo para mí cada vez que abordo la escritura, me viene muy oportuna esta frase de Claude Lévi-Strauss: «No quiero repetir lo que ya he dicho mejor antes».

*

La destrucción forma parte de la escritura. Es más, para llegar a dar por bueno un texto, ya sea un capítulo, un párrafo o incluso una simple frase, el escritor suele dejar en el camino mucho material desechable, tachaduras, redacciones alternativas fallidas, arrepentimientos, reinicios, errores, escritura que no pasa de ser un borrador, un vuelo de aproximación, un titubeo, cuando no directamente pasto de las llamas. En realidad, sólo debe salvarse aquello que finalmente no puede ser destruido porque, pese a todo, el escritor lo sanciona desde su pequeña necesidad de ser. Se arriesga entonces a darlo por válido y se juega la vida con su decisión de publicarlo. Sobre la bondad de destruir lo escrito, ya lo expresó sin arrogancia Lord Byron:

«El placer de quemar no es menos grande que el de imprimir».

*

Por tanto, ¿hay que buscar la perfección?, me preguntarás. La obra perfecta se escribe sola, porque se genera a sí misma ante la atónita presencia del escritor. Y no siempre la perfección es perfecta. Lo perfecto posee un alto grado de imperfección. Perseguir la perfección obsesivamente es como perseguir la virtud con intolerancia: ambas conducen a la parálisis, al vacío, incluso al odio de uno mismo. Porque, ¿quién es perfecto? Nadie, absolutamente nadie. Y los escritores son un «nadie» mayúsculo. Escribir algo perfecto únicamente puede surgir desde nuestra propia naturaleza como seres humanos, ese estanque de aguas oscuras que es el yo de cada quien, un mapa de imperfecciones. Ejemplos de todo ello —autores imperfectos, obras perfectas— son el *Ulises* de Joyce, el *Quijote* de Cervantes, la *Recherche* de Proust, el *Moby Dick* de Melville o *La educación sentimental* de Flaubert. Después de libros así, toda novela es un pálido reflejo.

Cioran: «En literatura, todo lo que no es despiadado es aburrido».

*

Hannah Arendt escribió sobre Hermann Broch, para destacar su altura literaria, lo siguiente: «La obra de Broch se ha convertido en algo así como el eslabón perdido entre Marcel Proust y Franz Kafka, entre un pasado que hemos perdido irreversiblemente y un futuro que todavía no está a nuestro alcance». Sin menoscabo de considerar la obra de Broch como magistral y anticipatoria (es uno de los mejores escritores del siglo XX europeo y su *La muerte de Virgilio* una cima literaria), me pregunto, no obstante, si es que Kafka no está todavía a nuestro alcance. Cierto que entonces, en los años veinte del pasado siglo, no lo estaba y empiezo a atisbar que sigue lejos de nuestra comprensión, dada la profundidad de su obra. ¿Y Proust es el pasado? Desde luego que no, aunque su gran obra sea un simulacro del tiempo perdido recobrado. Creo, para contradecir a la gran pensadora, que tanto Kafka como Proust, e incluso Broch, alargan sus sombras hacia un futuro cuyo alcance sigue estando a años luz de la insignificante producción literaria actual.

*

Sobre Gustave Flaubert —quizá para muchos, entre los que me cuento, el maestro de la literatura surgida en el siglo xx—, leo esto en una carta de Kafka a Felice Bauer: «*La educación sentimental*, en cambio, es un libro que durante muchos años ha estado próximo a mí como a lo sumo lo han estado dos o tres personas; cuandoquiera y dondequiera que lo abriese, me sobresaltaba y me absorbía del todo, y entonces me sentía siempre como un hijo espiritual de ese escritor, aunque pobre y torpe». ¡Me identifico tanto con ese sentimiento de Kafka!

*

Es de admirar, lector, lectora, la fertilidad de la poesía de Anne Carson, tal vez la más grande poetisa norteamericana desde Emily Dickinson. Su obra es fecunda, abierta hacia el infinito, irónica, implacable, emocionante. Te lleva a imitarla, sin rumbo, para ser más tú mismo. Leyéndola, llorarás y no sabrás exactamente por qué.

*

¿Qué es una «novela-pantalla» para un escritor? Es una novela, en fase de manuscrito, con apariencia interesante, seductora, que se pone delante de otra que es la que realmente se ha de escribir, y *estorba* la llegada de esta última. Generalmente, las novelas-pantalla no crecen, no avanzan, tienen naturaleza de aborto y suelen desinflarse cuando se lleva invertido algo de tiempo en ellas. Pero, en cambio, suponen un peligro para el escritor: cuando se les da rienda suelta y crecen y el autor se confunde hasta el extremo de creer que está escribiendo algo original, se produce la catástrofe, el gran error, la gran metedura de pata, la novela fallida y el fracaso de la propia obra, con la consiguiente inseguridad en el escritor durante mucho tiempo. Es caer en un pozo del que cuesta salir. Para ello se necesita tiempo y otra novela —la *buena*— que le devuelva al escritor la confianza en su literatura.

*

Me preguntas si se puede hablar de *la música* de la escritura. Si te soy franco, no sé en qué consiste esa música. No tengo ni idea, salvo que se refiera a aquello que dijo Virgilio en sus *Bucólicas*, a saber: que los escritores cantan para los sordos. Y digo ni idea con trampa, porque sé muy bien que, en realidad, hay dos músicas, a la hora de escribir. Una que solo oye quien escribe, otra que es de todos y que surge de la buena partitura que ha de ser el libro. La primera sucede mientras se escribe, la segunda suena cuando se lee, es decir, cuando el texto existe exento ya del escritor (vaya, ¿no es ya musical esto del «texto-existe-exento»? Póngase de ejemplo pues).

*

Sobre esa «segunda música» que hay en la literatura, me vienen a la mente una serie de grandes escritores que causan placer al leerlos y cuyas piezas están maravillosamente engranadas, engrasadas y compactadas: Cervantes, Clarín, Cabrera Infante, García Márquez, Muñoz Molina, Kazuo Ishiguro, Annie Proulx, Lydia Davis, Javier Marías, Charlotte Brontë, Gustave Flaubert, Pardo Bazán, Tolstoi y muchos más de este tenor. También estoy de acuerdo con Sartre, cuando dice que «ser escritor es alcanzar la esencia del arte de escribir de los verdaderos escritores, Chateaubriand, por ejemplo, o Proust».

*

El «arte de escribir» no es ya tan solo cuestión de la *belleza* de la prosa, sino que va más allá y comprende el hechizo de su expresividad, de su construcción, de su combinación léxica, sintáctica, verbal, con la administración de las subordinadas, de las yuxtaposiciones, del fraseo eficaz, con la irrupción de los efectos sorpresivos, con la dosificación de las cargas emocionales, con la hipnosis de la narración, esa atención captada por la buena historia que absorbe, la admirable sucesión de hechos, la concatenación de diálogos interesantes, y, en fin, la figuración sólida de personajes. En esto consiste *lo literario*, descubrimiento inigualable que se capta cuando se produce el asombroso y privilegiado fenómeno de la lectura. Jean-Paul Sartre cita a Proust como el maestro de todo lo que puede fascinar generado por la escritura, eso que, cuando llega a ser original y poderoso, se llama literatura. Hojear a Proust en busca del sabor de su fraseo es ya un placer.

*

No ocultaré que siempre me ha hecho gracia esta aguda y malévola frase del irónico Flaubert: «¡Qué hombre habría sido Balzac si hubiera sabido escribir!». ¡Puede decirse de tantos!

*

Lecturas, 1. Con John Ruskin sucede lo que con esos escritores que, ante el dilema de la contemporaneidad, eligen obsesionarse con la fascinación por otros tiempos. En el caso de Ruskin fue el gótico. Creyó ver en el gótico una belleza espiritual que habría de satisfacer eternamente. Desde que en mi juventud cayó en mis manos *La Biblia de Amiens*, he considerado este extraño libro como uno de los más sugerentes que he leído. Lo curioso de Ruskin es que su vehemente inclinación gótica —de una formalización subrepticiamente irónica— carecía de conocimientos técnicos sobre el arte y sobre la arquitectura. Éste es el ángulo desde el que ha sido más criticado, y casi arrojado al olvido. Sencillamente, no era moderno, o eso decían de él. No podía soportar los avances de la ingeniería, aborrecía el ferrocarril; se ensimismaba, en cambio, deleitándose en una teorización bastante imaginaria acerca de los artesanos que contribuyeron con su oficio a las grandes catedrales, y en esa artesanía creyó encontrar un impulso espiritual. *La Biblia de Amiens* es un libro que dejó inacabado. La muerte le sobrevino cuando llevaba escrita la primera parte de un proyecto mucho más amplio, que sería la coronación sincrética de toda su filosofía, basada en los pies de barro de su

gótico inventado. Esa obra en ciernes se iba a llamar *Lo que nos han contado nuestros padres*, se com-
pondría de diez volúmenes y aspiraba a ser un
gran compendio histórico-religioso, desde la cris-
tianización de los bárbaros hasta el protestantismo
ginebrino, muy a la manera de un escritor modélico para él: Chateaubriand. En el caso de Ruskin,
tal vez lo más moderno de este antimoderno sea
la descripción enumerativa (estilo que recuerda a
un Raymond Roussel o a un Georges Perec) del
interior de la catedral de Amiens y de las escul-
turas de sus maravillosos pórticos. De pronto, se
vuelve posmoderno. En esto, Ruskin se convierte
a nuestros ojos en un anticipado de la semiótica,
en un semiólogo a su pesar, algo que también su-
po ver Umberto Eco cuando, bien en sus novelas,
bien en sus ensayos, aborda el tema magnificente
de las catedrales medievales. De hecho, los análi-
sis que hace Ruskin de los cuadrifolios de Amiens
y de su iconografía son una auténtica *lectura*. Así
lo vio muy acertadamente Marcel Proust, cuando recorrió el lugar con el libro de Ruskin en la
mano y decía no saber cuándo leía y cuándo mi-
raba, si ante el libro o ante a las piedras. La inde-

finición genérica, mezcla de varias clases de libros en uno solo, produce en el lector una ilocalizable impaciencia. Es el efecto propio del ensayo, de la divagación. Ruskin es tendente a iniciar una idea, a enunciar un hecho y a derivar luego por derroteros insospechados. En esto reside la gracia de su libro, en su imprevisibilidad, propia de un viaje y de un descubrimiento inesperados.

*

Vuelvo una y otra vez a *Vida de Rancé*, el último libro que escribió el vizconde de Chateaubriand, un libro-máquina-artefacto extraordinario por su extravagante originalidad. Se trata de uno de los libros más extravagantes e insólitos que he leído nunca. Es varias cosas a la vez: fascinante, extraño, reaccionario, moderno, antiguo, profético; tiene virtudes y defectos y es un desafío a cualquier lectura moral de hoy en día. En el ensayo que Roland Barthes dedicó a *Vida de Rancé* surge esta idea reveladora: «El escritor moderno está obligado a permanecer simultáneamente fuera de la moral y dentro del lenguaje; necesita plasmar lo general con lo irreductible, reencontrar la amoralidad de su propia existencia a través de la moral generalizadora del lenguaje: este *peligroso* tránsito constituye la literatura».

*

Ser un lector demasiado culto hace que se cometan graves ofensas con otras personas que no lo son; el peor de todos, el pecado de soberbia. Cuando eso sucede, uno se reprende interiormente, aunque en vano, con severidad, pero no da un paso atrás. ¡Con lo que cuesta conquistar lo literario!

*

Julian Gracq: «Lo que no se ha dicho nunca *así* no se ha dicho nunca». Este es el axioma secreto al que alude siempre el verdadero literato.

*

Cuando leí *La náusea*, de Jean-Paul Sartre, era muy joven. Había en esa novela cosas que luego me han guiado en la vida hasta hacerme ser lo que soy. Por ejemplo, este párrafo: «Para que el suceso más trivial se convierta en aventura, es necesario y suficiente contarlo. Esto es lo que engaña a la gente; el hombre es siempre un narrador de historias; vive rodeado de sus historias y de las ajenas, ve a través de ellas todo lo que le sucede, y trata de vivir su vida como si la contara». Y añade Sartre: «Pero hay que escoger: o vivir o contar».

*

Sólo conviven vida y arte en el tiempo mientras se escribe un poema. Luego la vida sólo es el poema. Pero la reflexión sobre la vida y el arte, materias esquivas por excelencia, conduce a la insuficiencia. En un ensayo sobre *Valentín*, de Juan Gil-Albert, escribe Jaime Gil de Biedma: «Sobrellevar el peso de una doble decepción: la de la insuficiencia del arte, la de la irremediable insuficiencia de la vida». ¿No es ésta la reflexión de un utópico, de un ingenuo, en cierta medida? Es más, en el citado ensayo, Gil de Biedma, apelando al arte como valor en sí, escribe: «No es que el arte enmascare la realidad, sino que la magia del arte, hasta que se entromete la vida, es una realidad suficiente».

*

William Wordsworth, el poeta romántico inglés, apuntaba que el pensamiento modifica el sentimiento mediante su cualidad de registro de los sentimientos anteriores. Tal vez sería ésta la relación existente entre poesía y reflexión, una relación a todas luces experiencial. El papel que juega la emoción no es otro que el impulso para ordenar la experiencia de emociones pasadas, ya concebidas por el poeta como conciencia, subjetiva sin duda. Hacer de la emoción un espacio objetivo es la tarea de la poesía.

*

Como dice Balzac en su *Louis Lambert*, «toda la poesía procede de una rápida visión de las cosas».

*

Para Proust, las cosas entran en uno por dos vías: «por la puerta baja de la experiencia o por la puerta alta de la imaginación».

*

En el siglo xx, la literatura se fija sobre tres nombres patronales: Proust, Joyce y Kafka. Solo ellos son necesarios.

*

Ya no soy joven, no debería escribir ningún libro más, no me corresponde, pero ¿a quién le corresponde escribir un libro más sino a un viejo?

*

El 10 de julio de 1901, Marcel Proust le dice a su amigo Léon Yeatman: «¡Hoy cumplo treinta años y no he hecho nada!». Es curioso: cuando llegué a esa edad, tuve una sensación parecida. Era como si hasta los treinta años, todo fuera un caos terrible en busca de un orden que encauzara toda la fuerza desconocida y desnortada que llevaba dentro, en materia de escritura y en todo lo demás de la vida. Hasta los treinta, viví mucho, a mil por hora, pero literariamente tan sólo había producido anotaciones y esbozos de algo que no sabía lo que era y que estaba por llegar.

*

La literatura es el agua de la pecera y los escritores somos los peces que nadamos por ella. Como los peces, no podemos salir de la pecera porque nos ahogaríamos. Nuestra vida individual y colectiva está regida toda ella por el agua de la pecera, por la literatura en que estamos inmersos. Pero no nos basta, necesitamos ver, conocer el exterior —peligroso— de nuestra pecera. Por eso damos saltos hacia otra peceras, donde escribiremos otras obras, y en esos saltos nos jugamos la vida.

*

¿Qué diferencia ves, lector, lectora, entre un escritor hiperrealista, que retrata situaciones contemporáneas extremadamente fieles a la realidad hasta ser casi su copia, y un sociólogo? Yo apenas los distingo, certificadores ambos de lo que convenimos todos en llamar «realidad». Pero ¿es eso literatura? ¿Es esa la realidad? ¿Es el escritor un sociólogo?

*

Tanto para quien la haya escrito como para quienes la lean, una novela es una propuesta de *experiencia* que sólo puede darse bajo la forma que esa novela tiene.

*

A medida que uno lee más y más obras literarias, comprende con asombro y facilidad que la literatura es una inmensa suma de incorporaciones a un gigantesco universo irreal de valores permanentes.

*

La poesía expresa y define una visión de la realidad determinada —la visión del poeta— entendida como voz dirigida a un entendimiento universal. La poesía no alcanza a ser más que la expresión de una fuerza sentimental, moral, vital, rebelde, lúcida, lúdica y, sobre todo, duradera. La poesía, en consecuencia, nace de la vida, expresa, limita, acota y da conciencia a la vida. Nace, en suma, como diría Goethe, de las circunstancias. Pero luego precisa de reflexión. Para saber del arte y la reflexión de la poesía están las poéticas. Éstas son la experiencia acumulada por la práctica de la escritura de versos. De ahí la validez aún de buena parte de las poéticas de Horacio y de Boileau. O de la poética de Auden (contada en su magnífico ensayo *La mano del teñidor*). O la de Cernuda, en su *Historial de un libro*. Son claves para entender qué es un poema —aquello que no es posible convertir ni en una novela, ni en un cuento, ni en ninguna otra forma más que en un poema— y cómo se han de escribir. Son claves, también, para evitar dejarse llevar por el exceso de entusiasmo y de mal oído, dos malos consejeros que le impiden al poeta pulir su poema, repensarlo cien veces, llevarlo en la cabeza durante días y terminarlo durante momentos afortunados. Pero recordemos a

Valéry, quien decía que un poema no se termina, se abandona. Sobre cómo se han de escribir los poemas, Gil de Biedma escribió (o dijo) que para escribir poemas hay que empezar imitando, y luego acabará uno escribiendo como deba o sepa. Aunque esta frase, de ingenio irónico, en realidad fuese de Auden, su maestro, y no suya, el caso es que él empezó imitando a Guillén. Guillén es un poeta básico a la hora de entender cómo se ha de escribir un poema. ¿Por qué? Porque todo cabe en la poesía de Guillén. Hay todo tipo de licencias, de léxico, de palabras, desde lo más horrible hasta lo más sublime, revolucionario o novedoso. Es el poeta que da el pecho a los poetas jóvenes. Luego los dientes salen con Cernuda.

*

La poesía de Claudio Rodríguez, poeta singular donde los haya, asombra por ser sus versos de una redondez inimitable y en cuya música es plácido el regocijo del lector por topar, una y otra vez, con la atracción de la Poesía, su hechizo, su arrebato y su hondura alegórica. Bousoño, en su ya clásico prólogo de 1971 a la *Poesía* de Rodríguez, estableció dos distinciones acerca de la impalpable singularidad de su obra: una, el *lirismo narrativo*, espectacular y desasido de apuntalamientos contemporáneos, y dos, la definición de su poesía como *realismo metafórico*, tal vez la más afortunada manera de entender la sutil transcendencia de lo cotidiano a lo metafísico que circula por la obra de Rodríguez. Esto nos pone de un modo claro en relación con el genuino chispazo voraz, formidable, que nos conmueve al leer su poesía: su portentosa capacidad para unir lo real con lo irracional, con el «oráculo del sueño», y hacer de esa unión una medida poética y una transparencia mística de los sentidos. Sin duda Claudio Rodríguez es un poeta realista, al menos en la forma con la que es realista San Juan de la Cruz: la transfiguración afilada de la realidad para llegar a un fin que es irracional, desarraigado y exultante.

*

Las obras de ficción suelen tener tres tipos de finales: uno es el de un héroe o una heroína que, tras llevar a cabo acciones individuales, se entrega a un estatus de aprobación colectiva; otro es el de una acción colectiva que culmina en un logro individual; y el tercero es el final en que, después de una transformación, el protagonista o la protagonista desaparecen en un ambiguo o previsible futuro, pero en soledad.

*

La primera lección de la obra clave de Marcel Proust, *En busca del tiempo perdido*, una cima literaria y el libro más inagotable (en todos los sentidos) que he leído, consiste en comprender que se trata de una novela que sólo se explica a sí misma como la novela que es, sin exterior alguno, de modo que su escritura está al mismo nivel temporal que su lectura. Mientras su autor llevaba a cabo el acto de escribirla, ejecutaba a su vez el acto de leerla; y asimismo, después, mientras el lector lleva a cabo la lectura, ejecuta a su vez un acto de reescritura.

*

Acerca de Proust, Roland Barthes ha escrito: «Hay un momento en que desaparecen las ganas de escribir *sobre* Proust y solo quedan las ganas de escribir *como* Proust».

*

La desaparición de Milan Kundera no me causó menos impacto porque fuese una persona de edad avanzada. Todos cuantos estamos inmersos en el océano de la literatura saben que era alguien de extrema lucidez y cuyas reflexiones sobre el hecho de escribir novelas poseen una fuerza profética. Aunque hace tiempo que no escribía, su muerte produjo de golpe un terrible vacío literario y humano. Precisamente a raíz de su muerte volví a algunas de sus páginas de su libro *El arte de la novela,* género sobre el que siempre reflexionó al mismo tiempo que escribía sus ficciones: «El espíritu de la novela —escribe Kundera en ese ensayo— es el espíritu de la complejidad. El espíritu de la novela es el espíritu de la continuidad: cada obra es la respuesta a las obras precedentes, cada obra contiene toda la experiencia anterior de la novela. Pero el espíritu de nuestro tiempo está fijado en la actualidad. Metida en este sistema, la novela ya no es *obra* (algo destinado a perdurar, a unir el pasado al porvenir), sino un hecho de actualidad como tantos otros, un gesto sin futuro». Los escritores, sin Kundera, nos hemos quedado más huérfanos.

*

El mundo del libro, en su conjunto, es enormemente amplio, variado y denso. Ya en el siglo XVIII, Diego de Torres Villarroel escribió en su *Vida* que hay «muchos libros buenos, muchos malos e infinitos inútiles». En el formato «libro» cabe todo, absolutamente todo. Y, por lo que respecta a la literatura, existen múltiples campos que conviven y buscan a sus lectores. Existe, desde luego, esa literatura de calidad, exigente, que requiere un grado de lectura más elevado, una capacidad de lectura que precisa de criterios de aprendizaje, como cualquier especialización. Pero también está la literatura meramente comercial, mayoritaria, que busca entretener y que no hace avanzar la historia de la literatura hacia ninguna parte. Yo prefiero acuñar el concepto de «lectura de mestizaje», la que permite mezclar libros de enorme calidad literaria con otros de público más amplio y menos exigente, de manera que se logre un equilibrio que huye tanto de lo sofisticado excluyente como de lo popular masivo.

*

El Mundo y el Libro se relacionan entre sí de una manera exploratoria de mutua identificación: el Libro se reconoce como Mundo y el Mundo como Libro. El pacto así firmado entre los dos es la literatura.

*

Más de Barthes sobre Proust: «El significado es el espacio del imaginario: esta es, sin duda, la novedad que introduce Proust, con la que desplazó, históricamente, el antiguo problema del realismo que, hasta llegar él, solo se planteaba en términos de referentes: el escritor trabaja, no sobre la relación entre la cosa y su forma (lo que llamábamos en la época clásica, su «pintura» y, más recientemente, su «expresión»), sino sobre la relación entre el significado y el significante, es decir, sobre un signo».

*

Marcel Proust escribió que un escritor puede emprender sin temor su prolongada tarea. «Que la inteligencia empiece su obra, ya surgirán por el camino los pesares suficientes que se encargarán de acabarla», añadió. Porque la literatura sucede o no sucede. No hay nada más que pueda hacer el escritor sin engañarse.

*

La poesía es la casa de los perdidos, y en ella habitan por igual quienes la escriben y quienes la leen.

*

En *La última posada*, libro a veces diario personal intenso y a veces ensayo sobre la escritura, Irme Kertész aborda una y otra vez «el eterno problema del escritor vaciado». Casi con desesperación, asumiendo la fatalidad de perder facultades, de no encontrar el talento que se creyó haber tenido en otra edad, Kertész desmenuza ese estado demoledor que para un escritor es la asunción de que la literatura ha huido de él. Supone un aniquilamiento, una pérdida de identidad, una situación de pánico, como si el suelo hubiera desaparecido bajo sus pies. Es una situación que afecta a muchos escritores, por temporadas o de manera definitiva. Se apodera de los escritores, entonces, una parálisis inaudita. No intuimos el libro, no sabemos la forma que debe tener. Estamos al borde del abismo. En lo literario —cuenta Kertész—, sequedad absoluta: no encontramos el ritmo ni el tema, las palabras se nos resisten, se burlan de nosotros, esperamos sentados durante horas —¡un calvario delante del ordenador!— y al final sólo sentimos que no sale nada de dentro. ¿De dentro de qué, de dentro de dónde? De dentro de ese pozo muy negro que somos nosotros mismos y de donde hasta no hacía mucho tiempo extraíamos el agua cristalina de nuestras obras. Hemos de acertar con la historia. Si es que acaso hay alguna historia en nuestro interior.

¿Qué pasa cuando se tiene la sensación de que uno no sabe ya escribir o de que se ha fracasado como escritor, pese a todo lo que lleva escrito a sus espaldas? Se tienen unas enormes ganas de retirarse de la escritura y dedicarse a otra cosa muy alejada, de abandonar los libros para siempre. A veces me pregunto si no llegará un día en que pierda la confianza en mis propias capacidades. Paul Valéry dijo: «Lo más notable del trabajo literario es que se trata de un trabajo enorme y esencialmente indeterminado. La parte más laboriosa de la tarea consiste en crear el problema, más que en resolverlo». ¿Dejar de escribir? Hacer tabla rasa y ver qué ocurre a continuación es tentador, como si fuese un alivio o un sosiego. ¿Cómo se recompone el escritor? ¿Cómo muere el escritor? A todos los escritores nos acaba pasando que nos extraviamos en el vacío.

*

Lecturas, 2. Hay un libro que nunca te abandonará, lector, lectora. En realidad contiene tres novelas,

las tres maravillosas, imaginativas y con esa capacidad de la gran literatura que deja al lector con la boca abierta y la fantasía desbordada. Me refiero a *Nuestros antepasados*, la trilogía de Italo Calvino en la que reúne tres novelas deliciosas, muestras de su singular sabiduría como escritor: *El caballero inexistente, El barón rampante* y *El vizconde demediado.* No me canso de recomendar su lectura por todo lo que aportan como aventura, inquietud, curiosidad y fabulación. La grandeza de Italo Calvino ha ido creciendo con los años, porque fue tanto un escritor lúcido y ameno como un lector inteligente y perspicaz. De su amplia obra, la trilogía *Nuestros antepasados* es de lo mejor y supone una mirada juguetona, divertida y estimulante que, partiendo de unos argumentos surreales e insólitos ceñidos a otras épocas, nos habla a nuestro tiempo con asombrosa precisión. Tres novelas para leer y releer con frecuencia, porque nunca agotan su frescura ni desdibujan la sonrisa de nuestras caras.

*

Luminosa idea de Philippe Forest sobre la tarea del novelista, la cual, según él, consiste en «leer lo que fue escrito antes que uno en las páginas del tiempo con el fin de escribir a su vez lo que se leerá después de uno en las páginas de un libro».

*

En la historia, las democracias, consideradas como el predominio de las clases medias burguesas, significan puntos finales, «llegadas». A partir de ellas, los modelos retroceden y se repiten, reproduciendo modelos arcaicos o proto-democráticos, anteriores a la plena libertad, entendida esta en tanto que plena masificación y generalización exhaustiva de las cosas, incluso con apariencia de banalización. La cultura, la identidad cultural, la práctica de las artes, la literatura, entran todas ellas en una reproducción (o producción, más bien) democratizada que vulgariza y, en general, caricaturiza la cultura y la literatura mismas. Es decir, la democratización del arte y de la literatura son su punto final, pero con connotaciones de asesinato.

*

Acudo a la presentación de una novela de un escritor muy conocido. Hay algo en las palabras y en la actitud de ese escritor que me decepciona sobremanera. Creo que es la autocomplacencia con que se trata a sí mismo, en tanto escritor. Me transmite la sensación de que se sabe un maestro que ya ha llegado a la cima (¡como si en esto de escribir se llegara a alguna cima alguna vez!). Todo lo que ese escritor escribe y dice es bendecido por los asistentes al acto, representantes de la sociedad en su conjunto, que le ha otorgado el papel de escritor-profundo que todos hemos de aceptar. Parece que en ese papel no está a disgusto. Pero quizá me irrita o me molesta el hecho de que diga que el libro que está presentando en ese acto lo ha escrito «por fin con libertad». ¿Y los demás, no escribimos los demás con libertad? Lo que transmite ese escritor muy conocido es que nada existe hasta que él lo experimenta o lo descubre. Se diría que parece, en ocasiones, un escritor sacerdotal hablando desde el púlpito y sancionando la realidad del escritor en general porque él ha llegado a vivirla como tal (no porque sea una realidad colectiva de la práctica de la escritura). También me aterra —exactamente es así, terror— que diga que él ya no se acerca al abismo cuando escribe, que ya no busca lo que buscaba la primera vez, ese misterio literario que es el meollo de la vida misma. Ha creado una copia de esa búsqueda, una especie de impostura literaria, y es lo que vende y ventea por ahí. Si uno no está al borde del abismo, si uno, al escribir, no se interroga por todo otra vez, empezando por *él* mismo, y no arranca como de una roca cada palabra, cada idea y cada temor, es que ya está agotado, por no decir acabado, por no decir hueco. Oír hablar a ese escritor tan conocido, con un tono tan conservador y acomodaticio, me deja una agria sensación de rechazo.

*

Leo de nuevo de *El conde de Monte Cristo*. Apasionante, sí, pero no es Flaubert. Es Dumas, un escritor con truco.

*

Grandeza del premio Nobel Kazuo Ishiguro. Me cautivan sus novelas. En mi opinión, es el mejor de su generación de autores británicos. Asocio siempre su lectura al placer que causa lo literario.

*

Otra cima literaria es el mundo que ha creado Luis Mateo Díez a lo largo de sus novelas y cuentos. Su obra supone la definición de una geografía y de una toponimia que encuentra un marco de referencia en los elementos arquetípicos —y literariamente mitificados— de la provincia flaubertiana o clariniana. Su literatura es de las que construyen una fantástica región de semántica autorreferencial. A veces esa región tiene connotaciones reales, de existencia verdadera en los mapas, pero la gran virtud del novelista es soslayar esa evidencia y hacer ver al lector que, partiendo de lugares concretos, ha alcanzado la categoría de un universo autosuficiente, con tiempo e historia internos.

*

Sobre *Doktor Fausto*, de Thomas Mann, pienso, como Cioran, que es un libro aburrido y plomizo.

*

Leo esta anotación de Kafka que confirma mis sospechas, tantas veces expresadas: «La desgracia de Don Quijote no es su imaginación, sino Sancho Panza».

*

Lecturas, 3. El Nobel Orhan Pamuk no sale de Estambul. Es comprensible, porque Estambul es tan inabarcable como la prosa de Pamuk. He aprendido a entrar en esa ciudad tan subyugante y misteriosa gracias precisamente a sus novelas, sobre todo a través de libros tan maravillosos como *El museo de la inocencia*, unos de mis preferidos, o *Estambul*, unas memorias entremezcladas, de él y de la ciudad, que son un retrato literario y un fresco de cien años de una urbe con un ritmo de renovación vital propio. Es Estambul una ciudad que asimila los cambios lentamente, que es provinciana y cosmopolita, que es cruel y generosa y que acrecienta su mito con refinamiento de esteta decadente. Sin embargo, Estambul también es un monstruo voraz que conviene temer, por su historia y por su realidad, una realidad sometida a periódicas convulsiones violentas y a contrastes culturales en ocasiones dirimidos a golpe de cimitarra. Como diría Georges Perec, «no querría vivir en Estambul, pero a veces sí». Todas sus novelas versan sobre una Estambul perdida, de hace muchos años, como si Pamuk se hubiera empeñado en cartografiar el pasado de la ciudad y, al hacerlo, ubicar una identidad idealizada en ella. Otra gran novela suya, *Una sensación extraña*, así lo muestra, monumental mosaico de voces y figuras que tejen entre sí un relato coral de un nivel literario abrumador.

*

Interés por las tres hermanas Brontë: Charlotte, Emily y Anne. Leo todas sus novelas, que, en total, son siete. Aunque mis favoritas son *Jane Eyre* y *Shirley*, de Charlotte, reconozco la compleja impulsividad de la inacabada *Cumbres borrascosas* de

Emily. En las obras de las tres Brontë hallarás, lector, lectora, feminismo, marxismo e innovación literaria, autoestima e independencia. Crítica a las clases sociales y retrato de la pobreza. Se adelantan a Dickens, incluso cabría afirmar que influyen en él. No tienen ni humor ni burla, eso las distingue, pero tienen la energía de la profundidad y de la comprensión.

*

No hay grandeza en la poesía de Cervantes, sino ingenio, y él lo sabía («*Yo, que siempre trabajo y me desvelo / por parecer que tengo de poeta / la gracia que no quiso darme el cielo*»). El ingenio es algo propio de casi todo lo que se produce literariamente en el Siglo de Oro español y, tal vez, en toda la literatura española en general, marcada en exceso por lo ingenioso, cuyas dosis abruman (véase el refranero popular, tal malévolo y reaccionario como ocurrente), pero gustan a los lectores, que ven en el ingenio literario una cumbre de excelencia y de jugosos méritos.

*

La figura de Pierre Reverdy (1889-1960) ha crecido con los años y hoy en día es un poeta fundamental para comprender la poesía europea del siglo pasado. Según Michel Leiris, forma con Apollinaire y Max Jacob, una rara trinidad que combinó amistad, complicidad literaria, recelos y desencuentros. Con Jacob guarda más de un paralelismo y no fue una relación fácil. En 1917 fundó la revista *Nord-Sud*, que habría de ser el vehículo expresivo de una generación sobre la que se sustentaría buena parte del surrealismo y de los movimientos claves en la literatura y el arte. Durante muchos años, debido a su amistad con Braque, Gris y Picasso, se tuvo su poesía por una traslación lírica del cubismo, al haber en sus escritos una decidida voluntad por romper la racionalidad del discurso y abrir planos diferentes en un mismo poema. Reverdy siempre luchó contra esa adscripción simplista a una estética que no podía tener, en su opinión, el menor paralelo literario. Para él, la poesía no continuaba en nada ni venía de nada.

*

Lecturas, 4. Lo poderosamente literario de *El hereje*, la gran novela de Miguel Delibes, es ver cómo su autor lleva al lector hacia un meticuloso y preciso microcosmos de los detalles de la vida cotidiana, a veces morosa y muy detallista, en la Valladolid del XVI, tanto en su ámbito urbano, de ciudad que crece con el Imperio, como en el ámbito rural, integrado en el devenir de la ciudad, y que Delibes explicita como nadie más ha sabido hacer en la literatura española contemporánea. Y a la vez que relata la vida de Cipriano, el protagonista, sus empresas, sus proyectos y sus ideas, más el armazón sentimental de su vida en torno a tres mujeres que determinan su crecimiento moral, Delibes va impulsando la narración, con un pulso que recuerda al de otro gran maestro, el sabio Umberto Eco, hasta el auto de fe del 21 mayo de 1559, hecho histórico que agitó la ciudad y en la que fueron ajusticiados en hoguera casi todos los juzgados por herejes. El magisterio de Delibes está en el poder que exhibe para describir y recrear personajes complejos, de construcción moral ambigua pero firme, arraigados en un tiempo y un lugar, como piezas sólidas que buscan el imán de una coherencia que solo el escritor sabe darles. Eleva la novela a un rango de elegancia en la que brilla la pequeña épica de lo concreto dentro de la gran historia. Asombra, en fin, que esta novela extraordinaria la publicara su autor con 78 años, demostrando una madurez creativa que es toda una culminación. Obra maestra absoluta, aporta conocimiento y placer de lectura y se iguala a las grandes novelas europeas del siglo XX.

*

Anoto esta frase de Salman Rushdie con la que trata de aconsejar sobre la actitud que hay que tener a la hora de buscar qué escribir: «No vayas adonde ya has estado. Encuentra razones para ir a otra parte». Me agrada la idea de tratar de escribir libros distintos simplemente por el placer de ir a lugares e historias nuevas. Repetir la voz y repetir lo que se ve y se sabe me suena a tedio.

*

De pronto caigo en la cuenta de algo terrible: con el paso del tiempo, la familia Darling terminó por olvidarse de Peter Pan. Me ha apenado pensarlo al conocer la muerte de Martin Amis, un *peterpan* de la literatura inglesa cuya obra se enfrenta ahora al severo juicio del recuerdo. No fue santo de mi devoción, aunque le reconozco indudables talentos literarios (con más de una falsificación inaceptable de insoportable ego). Nunca tomaría una cerveza con él, pero siempre me gustaba saber que íbamos al mismo *pub*.

*

Un «contemporáneo capital», así definió Roland Barthes a Bertolt Brecht. Si se lee su gran antología *No pudimos ser amables*, se llega a la misma conclusión. En tiempos en que las derechas y ultraderechas amenazan las libertades y los derechos conseguidos, en tiempos en que se banaliza la brecha de las desigualdades, en que se cuestionan valores culturales de progreso y se ven las guerras en las pantallas como juegos irreales de Tik-Tok, creo que, como recalca Barthes, sigue siendo necesario «un arte de la explicación y no solamente un arte de la expresión». Brecht es poeta de explicación. Y no es arqueología literaria, es contemporaneidad.

*

Sobre la primera frase de la *Recherche*, de Proust, «Durante mucho tiempo me acosté temprano», Barthes dice que es un «mandala en el que está todo».

1. Por lo tanto, después se acostó tarde. ¿Quién? ¿El narrador? ¿Proust transferido al narrador? ¿La unión de ambos, de modo ambiguo, incognoscible? Se articula esa ambigüedad ya sobre el gozne obra/vida.

2. Se manifiesta en esa primera frase que el Narrador/Proust se arrogan el derecho a hablar de sí mismos, de su modo de vida y de su yo.

3. El tiempo-costumbre-sueño invertido, como rasgo de diferencia y tortura: acostarse pronto, quizá muy temprano, no coincide con el acostarse de los seres queridos, como por ejemplo su madre.

4. También se intuye que en un determinado momento de su vida dejó de acostarse temprano.

¿Cuándo? ¿Al hacerse adulto? ¿Al romper el lazo materno?

Se puede sacar mucha información de esa tan famosa primera frase.

*

Lecturas, 5. Ten presente, lector, lectora, este bar o cafetín: El Farolito. Quizá te suene su nombre. Te diré antes que nunca me ha abandonado una profunda simpatía por dos escritores dados al alcohol: Malcolm Lowry y Dylan Thomas. Quizá porque ambos son herederos de Edgar Allan Poe (quien, más que alcohólico, tenía cierta intolerancia al julepe de menta). Los tres dejaron su hígado para asombro de la ciencia y los tres murieron con un vaso en la mano (después de haber almacenado muchas botellas vacías en el cerebro, su mejor bar). Lowry se inventó un personaje que tal vez fuese, en parte, el depositario de muchos aspectos de él mismo, ese Geoffrey Firmin, «el Cónsul», protagonista de su obra maestra *Bajo el volcán*, un hombre atormentado, perdido en su historia y abierto a la locura de la muerte entronizada en México, allá por 1939. Este Cónsul se mata a mezcales en un bar ya mítico: El Farolito. *Bajo el volcán* es una novela absorbente, caótica, irregular, profundamente imperfecta y visceral, en la que Lowry invierte tanta pasión como asombro despertó luego en figuras como Guillermo Cabrera Infante o John Huston, quienes la adaptaron para el cine, en momentos distintos. Ahora he vuelto a abrir sus páginas y a quedarme en ellas, como acodado en la barra de un bar, recordando lo que fue un tiempo, bohemio y juvenil, cuando me sentí, y con certeza, «carne de barra», en aquel otro bar también llamado El Farolito, pero real. Corrían los ochenta del siglo pasado, en mi Valladolid natal, siendo yo un joven poeta en busca de mundo. Conocí a otro poeta con más mundo entonces, Juan Carlos Valle, *Karloti*, que abrió un bar que fue mítico en la ciudad y cuyo nombre era una declaración de intenciones: El Farolito. Obviamente así llamado porque el santo fundador de todos los artistas, escritores, músicos, maleantes, desnortados, desertores y martirizados por los sentimientos y las revoluciones que por allí bebían hasta altas horas era, ni más ni menos, aquel Malcolm Lowry de ojos claros, escritor maldito y viajero por las cumbres más fronterizas que cabe imaginar, las que llevan a un abismo. Y en ese Farolito real, soñando con el Farolito novelesco, yo leía a otro inmenso borracho e inmenso escritor, cuyos versos e historias se bebía entre vodkas, mezcales y cervezas: el galés Dylan Thomas, cuentista inspirador, poeta de la misma carne —también de barra— de Rimbaud.

*

En la literatura, es fundamental comprender cuál es la esencia de los bares, o de los cafés, o de su suma idónea, el café-bar. El bar es la palabra, la conversación. Es la huida o el infierno. Y es la soledad y la compañía. Y por tanto, la tolerancia y la diferencia. «Cada uno en su mesa está próximo y distante con respecto a quien tiene al lado», dice Claudio Magris sobre los café-bares europeos. George Steiner escribió que «Europa está hecha de cafés» (los de París, los de Viena, los de Praga, los de Madrid). Los café-bares, por tanto, son «una idea de Europa». Y también, como reza el bello título de la novela de Patrick Modiano, los cafés representan, como aquel Farolito de mi Valladolid profunda, la *juventud perdida*.

*

¿Qué escritor es tan ingenuo como para creer en ti, lector, lectora? Escritor serio, digo. Lo que me asombra es lo mucho que algunos escritores y escritoras creen en ti, lector, lectora, como si fueseis dos caras de una misma moneda, cuando en realidad un escritor y un lector son habitantes de planetas muy distintos. Decir esto, claro está, me expulsa de inmediato del Paraíso de la actual *doxa mainstream*.

*

Relaciones con lo invisible. ¿Es eso lo espiritual? ¿No es eso la literatura, una espiritualidad sin espiritualidad? ¿Una espiritualidad de lo inexistente?

*

«Siento claramente que sólo soy una máquina de hacer libros.» (Chateaubriand)

*

Lecturas, 6. Termino de leer el impresionante (y abrumador) libro de la premio Nobel Olga Tokarczuk *Los libros de Jacob.* A lo largo de sus más de mil páginas, siento un efecto de empequeñecimiento, de inestabilidad, de náusea. También de oscura admiración. Recapacito: es una novela con sobrepeso, me produce una especie de indigestión, a mi pesar. Porque quiero que me apasione, y cuando creo que está a punto de hacerlo, compruebo que no, que no me apasiona, sino que me hincha. Esto se debe a lo detalladas y prolijas que son las historias que cuenta, vertebradas en torno al judío Jacob Frank, quien a mediados del siglo XVIII atraviesa el mundo europeo y otomano, se hace Mesías y trastoca la espiritualidad de su tiempo. Suceden muchas cosas, eso sí, hasta la saciedad; se explican costumbres ancestrales, se desgajan religiones hasta el sectarismo, se habla de magia y de materialidad, de filosofía y de herejía. A veces se empantana la narración y expulsa al lector. Cabe preguntarse si, en realidad, novelas así abren puertas a los lectores o se las cierran; si llegan a tiempo o demasiado tarde. *Los libros de Jacob* asombra y paraliza tanto como deslumbra y ciega. La han comparado con *Guerra y paz*. Mucho comparar es, en mi opinión, pero reconozco que la novela de Tokarczuk es a veces tan absorbente como la de Tolstói. Sin embargo, Tolstói posee el don de la ligereza; la polaca todavía no.

*

¿Qué emoción está en juego, al hablar de literatura? La de dominar a un gigante de manera solitaria e intransitiva. Por eso la dificultad de muchas de las grandes obras (en realidad de todas) requieren un esfuerzo, mayor o menor, para leerlas. El mismo, o casi, que requirió escribirlas. Es un error abandonar la buena literatura simplemente porque puede parecerte, lector, lectora, que no es para ti o que te cansa o que te aburre. Persevera, insiste, acumula conocimiento, déjate llevar, y entonces se producirá un clic en tu cabeza, como cuando ves borroso y unas simples gafas te vuelven nítida la realidad. Eso es, también, dominar a un gigante.

*

En la obra literaria, la memoria es el factor activo de la belleza intelectual. Tras la lectura, cualquiera que esta sea, surge el gozo de la imagen que vuelve a la mente, al cabo del tiempo. Eso causa una sensación satisfactoria, la del placer de recordar y relacionar. Y también, incluso, la de *poseer un secreto*. Al leer hay detalles que perduran, instantes que se unen a una idea de conmoción que retorna.

*

¿Acaso crees que es fácil transmitir a otras personas cuánto te ha gustado un libro, qué emoción o intensidad te ha causado, qué calidad le has encontrado? Te equivocas: hablar de un libro leído es complicado porque es hablar de ti mismo. Se produce la imposible transferencia del entusiasmo, el grado cero de la comunicación. El triángulo entre belleza, narratividad y lenguaje literario es en sí mismo intransferible. Ya decía Baudelaire que «la belleza siempre es rara». El embrujo (la fascinación) que causa una obra literaria pertenece al dominio de lo subjetivo, como si se hubiera practicado un hechizo en la lectura —lo más parecido a ello—, y no es objetivable más que por aproximación: con la literatura lo que se puede transmitir es la pasión, la belleza que ha explotado en la mirada y en la cabeza del lector, pero nada más, porque la relación surgida entre tú, lector, lectora, y el libro es un acto de absoluta intimidad común. Ni siquiera el escritor está presente.

*

Lo literario apela a una «estética del acontecimiento» (el término es de Adorno). El acontecimiento —aquello que es insólito, singular, extraordinario— saca al yo del sí-mismo y lo traslada a una situación de excepcionalidad, la de un relato imaginario seductor que *piensa y actúa* por nosotros. Simone Weil sugiere que admirar lo literario es una cesión del yo a eso que llamamos belleza y le transferimos parte de nuestra identidad.

*

Lo literario, sin embargo, no es útil. Lo cual no significa necesariamente que sea inútil. La inutilidad es una evidencia manifiesta, vinculada a la parálisis o al fracaso. La no-utilidad, en cambio, es un territorio ambiguo, inestable, inmóvil, donde se potencian y valoran otros factores que no culminan en una evidencia mensurable. La literatura no es mensurable porque pertenece al universo del gozo individual que no busca objetivos prácticos, sino el placer de la curiosidad satisfecha.

*

Al releer o rememorar obras literarias, la biología se transforma en historia: nuestros cuerpos, nuestras mentes, nuestra experiencia, nuestra psicología, nuestro conocimiento, no son ya los mismos que eran cuando las leímos. Se produce una rotura de la cronología y una confrontación intelectual. Una obra leída en 1978 se ilumina u oscurece con su relectura en 2025. He aquí una experiencia que conduce a la revisión del gusto que evoluciona y a la valoración de la caducidad de cierta literatura. ¿El problema de ese cambio es de la obra o se trata de nosotros, que somos ya muy distintos? No siempre es una fácil respuesta.

*

Lecturas, 7. Los demonios, la obra maestra de Fiodor Dostoyevski, es un libro oscuro y luminoso por igual, político y cercano, con forma de profecía anticipada, muy anticipada, de los «demonios» reales de Rusia: los zares, Lenin, Trotsky, Stalin, Brézhnev y, en su estela, el cruel psicópata Putin. Hallo la estela de Dostoyevski en otra escritora rusa que es de las más grandes de los últimos tiempos: Liudmila Ulítskaya. Su novela *Una carpa bajo el cielo* es extraordinaria. Refleja con humanidad, humor, emoción y buenas dosis críticas la evolución de la sociedad soviética —y la antisoviética— desde la muerte de Stalin hasta la llegada de Yeltsin. Todos los libros que he leído de esta escritora antiputinista que ahora vive en Berlín son maravillosos. Entre mis preferidos, destaco otros dos: *Sinceramente suyo, Shúrik* y *Daniel Stein, intérprete*. En *Una carpa bajo el cielo* se narra, de manera episódica, el devenir de una multitud de personajes que naufragan o sobreviven en ese desconcierto histórico que es Rusia, en cualquiera de las formas sociales y políticas que adopte.

*

La literatura expresa un tiempo personal y un tiempo colectivo. A veces incluso un tiempo propio ajeno al individuo y a lo colectivo. Esto es lo fascinante.

*

La familiaridad con algunas obras lleva a una familiaridad con algunos escritores y los seguimos en obras anteriores o posteriores. Establecemos un vínculo que no siempre es sano: hay lectores que se apropian de sus escritores favoritos y los *esclavizan*.

*

Lecturas, 8. Un *thriller* modélico: *El último barco*, de Domingo Villar, en el que este maravilloso escritor gallego, fallecido muy pronto, logró una magnífica, madura y madurada novela policiaca. Era, indudablemente, un maestro del género; sabía administrar los rasgos esenciales de una novela absorbente en un perfecto cóctel de cercanía social sin caer en el realismo costumbrista, pero sin abandonarlo del todo. Se identifican lugares, personas, espacios dentro de una trama que va edificándose con parsimonia, pero sin cesar, de modo que, cuando el lector quiere darse cuenta, ya está poseído de lleno por ella y metido en la página ciento y pico de una novela de 700, y no la quiere dejar. A diferencia de otros libros de trama absurda, escabrosa y truculenta que pueden verse entre los más vendidos, *El último barco* no necesita excesos para que cautive al lector dentro de una lógica que no deja cabos sueltos, plantea interrogantes y es casi forense, por lo minuciosa. Lo mejor de Domingo Villar quizá era el estilo natural, sin estridencias ni momentos vacíos, que había conseguido en sus novelas y que en esta aparece refinado y literario. Por otro lado, cuando la historia se adentra por un sendero un tanto complejo, aunque solo sea por la mera acumulación de pistas y de sospechas, el autor logra darle cierto didactismo a la intriga para explicar o resumir la laboriosa trabazón de elementos y reconducir el interés hacia la trama principal. Esto es algo muy difícil y muy meritorio en Villar, que acompaña al lector como por un camino de luces y sombras que no dejan de sorprender. No es de extrañar que este don de hacer pasar por fácil lo difícil le otorgue a Villar, junto con Alicia Giménez Bartlett, la gran dama de la novela negra española, el rango de dueño del género policiaco.

*

La historia de la literatura enseña algo fascinante: la fragmentación. Los libros son fragmentos de una entidad superior. Una serie de fragmentos termina por definir una emoción, renueva la idea de cada libro en otra idea superior, que los relaciona en una especie de sentimiento desatado. Esto es lo que produce leer muchos libros, habitar en un relato nuevo desde un origen antiguo, porque la literatura no es la realidad, pero es real.

*

La crítica literaria es lo más inútil del mundo. No sirve para hacer leer o dejar de leer una obra literaria. La crítica es el acto onanista de una persona cabreada que se cree con criterio y no lo tiene en absoluto, sólo un sutil e inconfesado rencor. Eso es lo que debe averiguar el crítico, de dónde procede su rencor.

*

Lo intelectual, lo sensitivo, lo visceral, lo incomprensible, etc., todo eso es lo literario, más la forma que lo materializa.

*

Entonces, me preguntarás tú, lector, lectora, ¿qué es la literatura? Sólo puedo responderte por acumulación: es figura, representación, semejanza. También es imitación. También es suplantación. También es copia. Copia certificada. No conviene, por tanto, confundir lo bello con lo bonito; no mezclar la belleza implícita con la explícita. No identificar lo sustancial con lo sucedáneo. No dar crédito a la esquivo en detrimento de la naturalidad. La literatura es eso inaprensible que se siente necesario.

*

En definitiva, lo sorprendente de la literatura es que escribimos libros para saber qué cuentan y leemos libros sin saber lo que nos van aportar. El deseo se produce después, cuando ya el demonio de lo literario se ha apoderado de nosotros, escritores y lectores, y *sabemos* lo que es un libro.

FIN

Este libro se acabó de imprimir un día de primeros de febrero.

Es a primeros de febrero cuando nacieron algunas personas muy queridas por el autor, así como otras alejadas pero no menos queridas, como Joyce, Verne, Bécquer, Hugo, Auster, Coetzee, Brecht. Bajo la influencia de todas ellas nacieron estas páginas.

COLECCIÓN DE LA BELLEZA